Es ist nicht alles Mehl,
was weiß ist.
Schwedisch

Mehlspeisen

Süße und herzhafte Verführungen

VERLAG FÜR DIE FRAU
BUCH

ISBN 3-89798-113-0

Text: Christine Pfützner
Gestaltung und DTP: Paxmann/Teutsch
Buchprojekte, München
Druck: Klingenberg Buchkunst Leipzig
Buchbinderische Verarbeitung:
Müller Buchbinderei GmbH Leipzig

Printed in Germany

Inhalt

Vorwort

Was fällt Ihnen spontan ein, wenn Sie an Mehlspeisen denken? Feine Serviettenklöße zum Braten oder köstliche Käsespätzle aus dem Allgäu? Zarter Topfenpalatschinken, saftige Marillenknödel oder flambierte süße Crêpes Suzette? Und vielleicht auch die vielen Kalorien, die sich mit diesen Genüssen verbinden? Aber keine Angst, denn wie überall kommt es auch hier nur auf die richtige Menge an.

In diesem Kochbüchlein finden Sie die Klassiker der feinen Mehlspeisenküche: altbewährte, beliebte Rezepte aus Deutschlands Provinzen wie auch aus der Küche unserer europäischen Nachbarn – und natürlich internationale Gerichte, denn Mehlspeisen kennt und schätzt man fast überall auf der Welt.

Im ersten Teil finden Sie pikante Rezepte in Form von Hauptgerichten oder Beilagen – alles Schritt für Schritt genau erklärt, sodass sich auch Anfänger sofort zurechtfinden werden. Der zweite Teil ist für die Süßschnäbel, die sich und ihre Lieben mit leckeren Desserts und feinen Kuchen verwöhnen möchten, ohne dafür stundenlang in der Küche stehen zu müssen. In diesem Sinn

viel Spaß beim Ausprobieren!

Pikante Mehlspeisen

Allgäuer Kässpätzle

500 g Mehl • 5 große Eier
Salz • 3 Zwiebeln
100 g Butter • 400 g geriebener
Käse (Emmentaler) • Pfeffer

1 Das Mehl in eine Schüssel sieben. Die Eier und 2 TL Salz zufügen und alles zu einem zähflüssigen Teig verkneten, dabei nach Bedarf noch etwas kaltes Wasser zufügen. Den Teig so lange schlagen, bis er Blasen wirft und 15 Minuten ruhen lassen. Die Zwiebeln schälen und würfeln. Die Hälfte der Butter erhitzen und die Zwiebeln darin knusprig rösten. Die restliche Butter ebenfalls erhitzen, aber nicht bräunen.

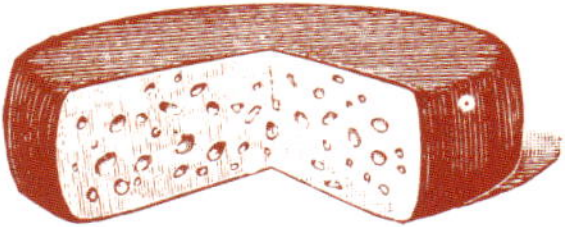

2 Reichlich Salzwasser aufkochen und den Teig mit einem Spätzlehobel hineinreiben. Die Spätzle nach dem Aufsteigen an die Oberfläche herausheben und abtropfen lassen.

3 Die Spätzle im Wechsel mit dem Käse in eine ofenfeste Form schichten, mit der erhitzten Butter übergießen und pfeffern. Die Zwiebeln darüber streuen und die Form 5 Minuten in den 220 °C heißen Ofen stellen.

Schwäbische Maultaschen

400 g Mehl • 1 EL Weinessig
5 EL Öl • Salz • 400 g Spinat
1 Zwiebel • 1 Brötchen (altbacken)
je 200 g Hackfleisch und Brat-wurstbrät • 2 Eier • Pfeffer
2 l Brühe • 4 EL Schnittlauch

1 Das Mehl, Essig, Öl, 125 ml lauwarmes Wasser und 1/2 TL Salz zu einem glänzenden, geschmeidigen Teig kneten. Den Teig 30 Minuten zugedeckt ruhen lassen.

2 Inzwischen den Spinat waschen, verlesen, in wenig kochendem Salzwasser 3 Minuten garen, abtropfen lassen und fein hacken.

3 Die Zwiebel schälen und fein würfeln. Das Brötchen in kaltem Wasser einweichen, gut ausdrücken, zerpflücken, mit Hackfleisch, Brät, Zwiebel, Spinat und Eiern vermischen und salzen und pfeffern.

4 Den Teig auf etwas Mehl circa 3 mm dick ausrollen und in 15 cm große Quadrate schneiden. Auf jedes Quadrat 1 EL Füllung geben, den Teig zu Dreiecken zusammenklappen und die Enden gut festdrücken. Die Brühe zum Kochen bringen und die Maultaschen darin in etwa 10 Minuten offen gar ziehen lassen. Wenn sie an die Oberfläche steigen, herausheben und mit dem Schnittlauch bestreuen.

Mecklenburger Birnenklöße mit Kloppschinken

500 ml Milch • schwarzer Pfeffer
etwas Muskatnuss • 4 Scheiben roh geräucherter Schinken à 100 g
220 g Mehl • 1 Ei • Salz
1/2 TL Backpulver • 300 g Birnen
40 g Räucherspeck, durchwachsen
3 EL Butter • 120 ml Weißwein
250 g saure Sahne • 1 Prise Zucker

1 Die Milch mit Pfeffer und Muskatnuss verrühren. Den Schinken darin 3 Stunden marinieren.

2 200 g Mehl mit Ei, 1 Prise Salz, Backpulver und 125 ml lauwarmem Wasser zu einem Teig verkneten.

3 Die Birnen schälen, vierteln, entkernen und würfeln. Den Speck würfeln, in 1 TL Butter braten und mit den Birnen unter den Teig rühren. In einem Topf Salzwasser aufkochen. Vom Teig mit 2 nassen Esslöffeln Klöße abstechen. Die Klöße im Wasser offen 30 Minuten ziehen lassen, herausheben und abtropfen.

4 Den Schinken abtropfen lassen und leicht klopfen. Den Schinken in 2 EL Butter von jeder Seite 2 Minuten braten, danach warmstellen. Das übrige Mehl im Bratfett anschwitzen, mit der Hälfte der Milch ablöschen, aufkochen und Wein und saure Sahne unterrühren. Die Sauce mit Salz und Zucker abschmecken.

Sächsische Wickelklöße

800 g Kartoffeln, mehlig kochend
300 g Mehl • 2 Eier • 1/2 TL Salz
1 TL Backpulver • 2 EL Milch
1 kg durchwachsener Speck
2 EL Semmelbrösel • etwas Mehl
zum Ausrollen • 1 l Brühe
5 EL Schnittlauch

1 Die Kartoffeln in der Schale kochen, pellen und durchpressen. Mehl, Eier, Salz, Backpulver und Milch zufügen und alles zu einem glatten, nicht zu festen Teig kneten.

2 Den Speck klein würfeln und in einer Pfanne knusprig braten. Das Speckfett in einen Topf abgießen.

3 Den Teig auf etwas Mehl zu einem circa 1 cm dicken Rechteck ausrollen. Den Speck darauf verteilen und die Semmelbrösel darüber streuen.

4 Die Brühe zum Sieden bringen. Den Teig von der Längsseite her aufrollen und in etwa 4 cm dicke Scheiben schneiden. Die Scheiben zu Klößen formen, in die siedende Brühe geben und 20 Minuten offen darin ziehen lassen.

5 Das Speckfett erhitzen. Die Klöße mit dem Schaumlöffel herausheben, abtropfen lassen, in eine Schüssel geben, mit dem Speckfett übergießen und mit den Schnittlauchröllchen bestreuen.

Kliess mit Kompott

300 g Mehl • 1/2 Würfel Hefe
140 g Zucker • 120 ml Milch
1/8 TL Salz • 120 g Butter • 1 Ei
500 g feste Birnen • 3 Äpfel
2 EL Zitronensaft • Mehl zum Ausrollen • 200 g Räucherspeckscheiben

1 Das Mehl in eine Schüssel sieben und eine Vertiefung in die Mitte drücken. Die Hefe hineinbröckeln und mit 1 EL Zucker und 3 EL lauwarmer Milch verrühren und zugedeckt 15 Minuten ruhen lassen.

2 Die übrige Milch, Salz, 50 g Butter und das Ei zufügen und alles zu einem glatten Teig verkneten. Den

Teig zugedeckt an einem warmen Platz 30 Minuten gehen lassen.

3 Birnen und Äpfel schälen, entkernen, in Spalten schneiden, mit dem restlichen Zucker und Zitronensaft in wenig Wasser 5 Minuten dünsten und abtropfen lassen. Eine Auflaufform mit Butter einfetten.

4 Den Teig kneten, auf Mehl ausrollen und dritteln. 1 Teigplatte in die Form geben, den Speck darauf legen, die Hälfte der Früchte einfüllen, die zweite Platte auflegen, das übrige Obst einfüllen und die dritte Teigplatte auflegen. Die übrige Butter in Flöckchen darauf verteilen und bei 200 °C 45 Minuten backen.

Thüringer Serviettenkloß

4 altbackene Brötchen (200 g)
240 g Mehl • Salz • 2 Eier
200 ml Milch • 50 g Butter
1 TL Backpulver • 1 EL Petersilie

1 Die Brötchen in kleine Würfel schneiden und in eine Schüssel geben. 200 g Mehl sieben. Die Hälfte des Mehls mit 1/2 TL Salz und den Eiern unter die Brötchen rühren.

2 Die Milch mit der Butter lauwarm erhitzen, über die Brötchen gießen und 10 Minuten zugedeckt ruhen lassen. Das übrige Mehl mit dem Backpulver mischen und gut

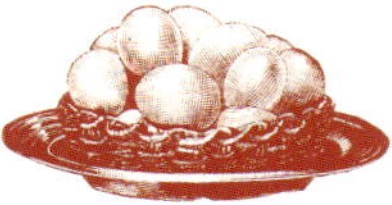

mit den Brötchen und der Petersilie verrühren.

3 Die Masse halbieren und jeweils zu einem länglichen Kloß formen. Reichlich Salzwasser aufkochen. 2 Küchentücher mit dem übrigen Mehl bestreuen und je 1 Kloß darauf setzen. Die Tücher an den Enden verknoten und an einem Kochlöffelstiel hängend 20 Minuten im kochenden Wasser garen. Die Klöße herausnehmen, 10 Minuten ruhen lassen, die Tücher entfernen und die Klöße in Scheiben schneiden.

Thüringer Tiegelkuchen

500 g Mehl • 30 g Hefe
250 ml Milch • Salz
150 g Butter • etwas Öl
100 g Schinkenspeck in Scheiben

1 Das Mehl in eine Schüssel sieben und eine Vertiefung in die Mitte drücken. Die Milch lauwarm erhitzen. Die Hefe in die Vertiefung bröckeln, mit 4 EL lauwarmer Milch verrühren und zugedeckt 15 Minuten ruhen lassen.

2 1/8 TL Salz und 50 g Butter zufügen und alles zu einem glatten Teig verkneten. Zugedeckt an einem warmen Platz 1 Stunde gehen lassen.

3 Den Teig nochmals kneten, und zu etwa faustgroßen Klößen formen. Eine Springform (26 cm) mit dem Öl bestreichen und den Boden mit den Speckscheiben auslegen.

4 Die Klöße dicht an dicht in die Form setzen, mit warmem Wasser bestreichen und im Backofen bei 180 °C in 25 Minuten goldbraun backen. Die restliche Butter zerlassen und über den Kuchen gießen.

Thüringer Griebenplätzchen

je 250 g Weizen- und Roggenmehl
30 g Hefe • 1 TL Zucker
150 g Grieben • 250 g saure Sahne
Salz • Pfeffer • 2 Eigelb • Mehl zum Ausrollen • Fett für das Blech

1 Das Mehl mischen, in eine Schüssel sieben und eine Vertiefung in die Mitte drücken. Die Hefe hineinbröckeln, mit 3–4 EL lauwarmem Wasser und dem Zucker verrühren und den Vorteig 15 Minuten zugedeckt ruhen lassen.

2 Die Grieben kross ausbraten und mit saurer Sahne, Salz, Pfeffer und

1 Eigelb zum Mehl geben Alles zu einem glatten Teig verkneten und den Teig zugedeckt an einem warmen Platz 1 Stunde gehen lassen.

3 Den Teig nochmals kneten, auf etwas Mehl 0,5 cm dick ausrollen und 8 cm große Plätzchen ausstechen. Ein Backblech einfetten, die Plätzchen darauf legen, mit dem übrigen Eigelb bestreichen und im Ofen bei 200 °C 20 Minuten backen.

Kärntner Kasnudeln

1 Kartoffel (100 g) • 400 g Mehl
1 Eigelb • Salz • 1 EL Olivenöl
1 Zwiebel • 150 g Butter
500 g Quark (20%) • 200 ml Milch
130 g Brötchenwürfel • Pfeffer
2 EL Kerbel •2 EL Minze • 1 Ei

1 Die Kartoffel mit der Schale in Salzwasser gar kochen, abgießen, noch heiß schälen und zerdrücken. Das Mehl sieben und mit Eigelb, 1/2 TL Salz, Öl und 150 ml Wasser zu einem glatten Teig verkneten. Den Teig 30 Minuten ruhen lassen.

2 Für die Füllung die Zwiebel schälen, fein hacken und in 1 EL Butter goldbraun braten. Die Zwiebeln abkühlen lassen und mit 70 g Butter, Quark, Kartoffelmus, Milch, Brötchenwürfeln, Salz, Pfeffer und den fein gehackten Kräutern verrühren.

3 Den Teig 2 mm dünn ausrollen und zu 6 cm großen Kreisen ausstechen. Aus der Quarkmasse mit 2 Esslöffeln Kugeln à etwa 40 g formen und auf den Teigkreisen verteilen. Die Kreise zusammenklappen und die Ränder festdrücken. Das Ei verquirlen und die Taschen damit bestreichen. Die Kasnudeln 15 Minuten in reichlich siedendem Wasser garen und herausheben. Die restliche Butter leicht bräunlich erhitzen und über die Nudeln gießen.

Tiroler Schlutzkrapfen

500 g Mehl • 3 Eier • 3 EL Öl
300 g Spinat • 1 Zwiebel
110 g Butter • Salz • 150 g Quark
150 g Reibekäse • 1 EL Schnittlauch
150 g Kartoffelmus • Pfeffer, Muskat

1 Das Mehl sieben und mit Eiern, Öl und 60 ml Wasser zu einem glatten Teig verkneten. Den Teig zugedeckt 30 Minuten ruhen lassen.

2 Den Spinat verlesen und waschen. Die Zwiebel abziehen, fein würfeln und in 50 g Butter glasig braten. Den Spinat zufügen, leicht salzen, 3 Minuten dünsten, abkühlen lassen und fein hacken.

3 Den Quark mit Spinat, 100 g Käse, Schnittlauch, Kartoffelmus gut verrühren und würzen.

4 Reichlich Salzwasser aufsetzen.

5 Den Teig 2 mm dünn ausrollen und 6 cm große Kreise daraus ausstechen. Auf jeden Kreis etwas Füllung setzen, eine Teighälfte darüber klappen und die Ränder mit der Gabel gut festdrücken.

6 Die Teigtaschen 8 Minuten im kochenden Wasser ziehen lassen und herausheben. Die restliche Butter leicht bräunlich erhitzen und über die Schlutzkrapfen gießen. Den übrigen Käse darüber streuen.

Appenzeller Spätzli

375 g Mehl • 75 g Grieß
Salz • 4 Eier • 125 ml Milch
200 g Lauch • 200 g Schinkenspeck
50 g Butter • 250 g Appenzeller

1 Das Mehl sieben. Grieß, 1/2 TL Salz, Eier, Milch und 125 ml Wasser zufügen und alles zu einem glatten Teig verkneten. Den Teig so lange schlagen, bis er Blasen wirft.

2 In einem weiten Topf reichlich Salzwasser aufkochen. Den Teig über einen Spätzlehobel ins kochende Wasser reiben. Wenn die Spätzli an die Oberfläche steigen, herausheben und in einem Sieb kalt abschrecken.

3 Den Lauch waschen, putzen und in schmale Ringe schneiden. Den Speck fein würfeln und in einer großen Pfanne in der Butter anbraten. Zuerst den Lauch, dann die Spätzli zufügen und alles goldbraun braten.

4 Den Käse klein würfeln und zufügen. Alles weitere 2 Minuten bei geringer Hitze unter ständigem Wenden braten und die Spätzli sofort servieren.

Elsässer Flammkuchen

300 g Mehl • 1/2 Würfel Hefe (21 g)
1/4 TL Zucker • 140 ml Milch
Salz • 200 g Quark (20%)
200 g saure Sahne • 4 EL Öl
4 Zwiebeln • 200 g Schinkenspeck

1 250 g Mehl sieben, in die Mitte eine Mulde drücken und die Hefe hineinbröckeln. Zucker und 3 EL lauwarme Milch zufügen und 15 Minuten ruhen lassen. 1/4 TL Salz und die übrige Milch zugeben, alles zu einem glatten Teig kneten und zugedeckt 30 Minuten gehen lassen.

2 Den Quark abtropfen lassen, mit saurer Sahne, 1 EL Mehl und dem

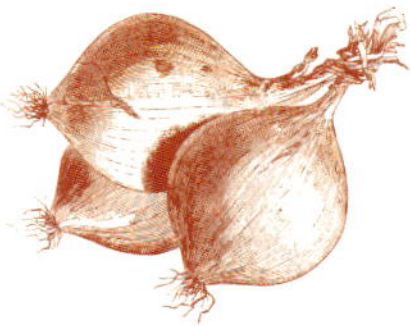

Öl verrühren und mit etwas Salz abschmecken. Die Zwiebeln abziehen und in feine Scheiben, den Räucherspeck in feine Streifen schneiden.

3 Ein Backblech mit Backpapier auslegen. Den Teig auf dem übrigen Mehl in Blechgröße ausrollen und darauf legen. Den Quark aufstreichen, Zwiebeln und Speck darauf verteilen und im vorgeheizten Ofen bei 250 °C gut 20 Minuten backen.

Italienische Ravioli

340 g Mehl • 100 g Hartweizengrieß
Salz • 4 Eier • 3 EL Olivenöl
100 g Pfifferlinge • 200 g Ricotta
70 g Parmesan • 2 EL Zitronensaft
1/2 Bund Basilikum • Pfeffer

1 300 g Mehl sieben. Grieß, 1 Prise Salz, 3 Eier und Öl zufügen und alles zu einem glatten Teig verkneten. Ist der Teig zu fest, 1 EL Öl zufügen, ist er zu weich, 1 EL Grieß zufügen. Den Teig schlagen, bis er Blasen wirft, und 1 Stunde zugedeckt ruhen lassen.

2 Die Pfifferlinge putzen, klein würfeln und in den Ricotta rühren.

Den Parmesan reiben und mit dem Zitronensaft unterrühren. Das Basilikum waschen, klein hacken und zufügen. Alles vermischen und mit Salz und Pfeffer abschmecken.

3 Den Teig auf dem übrigen Mehl dünn zu einem Quadrat ausrollen und halbieren. Das restliche Ei verquirlen und auf eine Teigplatte streichen. Je 1 EL Ricottacreme mit 1 cm Abstand darauf setzen und die zweite Teigplatte darauf legen. Die Ravioli mit einem Glas ausstechen und 10 Minuten ruhen lassen. Die Ravioli in reichlich siedendem Salzwasser garen, bis sie aufsteigen, herausnehmen und sofort servieren (am besten zu einer Sahnesauce).

Türkische Mante

450 g Mehl • Salz • 1 Ei
1 Zwiebel • 1 Bund Petersilie
250 g Hackfleisch (Rind, Lamm)
1 TL Paprikapulver, edelsüß
weißer Pfeffer • 500 g Joghurt
2 Knoblauchzehen • 100 g Butter

1 400 g Mehl sieben. 1/2 TL Salz, Ei und 125 ml Wasser zufügen, alles zu einem glatten Teig verkneten und 1 Stunde zugedeckt ruhen lassen.

2 Die Zwiebel abziehen und reiben, die Petersilie waschen, trocknen und fein hacken. Beides mit dem Hack mischen und mit Salz, Paprikapulver und Pfeffer abschmecken.

3 Den Teig auf dem übrigen Mehl hauchdünn ausrollen und in etwa 3 cm große Quadrate schneiden. Auf jedes Stück 1 TL Hack setzen und die Ecken darüber fest zusammendrücken. Die Mante in reichlich kochendem Salzwasser 5 Minuten garen, mit dem Schaumlöffel herausheben und warmstellen.

4 Das Joghurt gut abtropfen lassen. Die Knoblauchzehen abziehen und durch die Presse dazudrücken. Beides gut verrühren und mit Salz und Pfeffer würzen. Die Butter bei starker Hitze aufschäumen. Die Mante auf Teller verteilen und zuerst mit der Joghurtsauce, dann mit der Butter übergießen und sofort servieren.

Russische Piroggen

250 g Mehl • 280 g Butter • Salz
250 g Quark • 2 Eier
500 g Weißkohlblätter • 1 Zwiebel
50 g Schinkenspeck• 1 TL Kümmel
Pfeffer • Muskat
3 EL saure Sahne • 1 Eigelb

1 Das Mehl, 250 g Butter, etwas Salz und Quark zu einem Teig verkneten und 30 Minuten ruhen lassen.

2 Die Eier in 8 Minuten hart kochen, abschrecken, pellen und klein hacken. Die Kohlblätter in feine Streifen schneiden Die Zwiebel abziehen und würfeln. Den Schinkenspeck ebenfalls klein würfeln.

3 Die restliche Butter erhitzen und Zwiebel und Speck darin anbraten. Den Kohl zufügen, mit Kümmel, Salz, Pfeffer und Muskat würzen, zugedeckt weich dünsten, abkühlen lassen und die saure Sahne und die Eiwürfel untermischen.

4 Den Teig dünn ausrollen und etwa 8 cm große Kreise ausstechen. Auf jeden Kreis etwas Füllung geben, eine Teighälfte darüber klappen und die Ränder mit der Gabel gut festdrücken. Die Teigtaschen auf ein mit Backpapier ausgelegtes Blech legen, mit Eigelb bestreichen und im vorgeheizten Backofen bei 200 °C in 25–30 Minuten goldbraun backen.

Arabische Pizza

540 g Mehl • 1 Würfel Hefe
1/4 TL Zucker • 5 EL Olivenöl
Salz • 4 Zwiebeln • 3 Koblauchzehen
300 g Lammhack • 3 EL Tomatenmark • 1 Bund Petersilie
2 TL Kreuzkümmel • Pfeffer
1 TL Koriander, gemahlen

1 500 g Mehl sieben, in die Mitte eine Mulde drücken und die Hefe hineinbröckeln. Zucker und 50 ml lauwarmes Wasser zufügen und 15 Minuten ruhen lassen. 250 ml lauwarmes Wasser, 2 EL Öl und 1 TL Salz zugeben, alles zu einem glatten Teig kneten und den Teig zugedeckt etwa 1 Stunde gehen lassen.

2 Zwiebeln und Knoblauch abziehen und fein würfeln. Die Petersilie waschen und fein hacken. Das restliche Öl erhitzen und zuerst die Zwiebel, dann das Fleisch darin anbraten. Knoblauch, Petersilie, Tomatenmark, 150 ml Wasser, Salz und die anderen Gewürze zufügen.

3 Den Teig kurz kneten, vierteln und jedes Viertel auf dem restlichen Mehl zu einem Fladen (25 cm) ausrollen. Die Fladen auf 2 mit Backpapier ausgelegte Backbleche legen und die Fleischmasse darauf verteilen. Den Backofen auf 220 °C vorheizen und die Pizza darin so lange backen (etwa 15 Minuten), dass man sie zusammenrollen kann.

Chinesische Frühlingsrollen

3 Eier • Salz • 4 EL Öl
125 g Mehl • 250 g Hühnerfleisch
1 TL Speisestärke • 6 Shiitakepilze
1 Möhre • 1 Lauch • 1 Zwiebel
100 g Bambussprossen • 3 cm Ingwer • 1 Knoblauchzehe • Pfeffer
2 EL Sojasauce • 2 EL Sherry
2 Eiweiß • 2 l Frittieröl

1 Eier und 200 ml Wasser verrühren. 1/2 TL Salz, 1 EL Öl und das Mehl zufügen und zu einem glatten Teig rühren. 30 Minuten ruhen lassen. Eine Pfanne (20 cm) dünn mit Öl bestreichen und aus dem Teig hauchdünne helle Crêpes backen.

2 Das Fleisch fein würfeln und mit Stärke mischen. Die Pilze lauwarm einweichen. Möhre, Lauch, Zwiebel, Bambus, Ingwer und Knoblauch waschen bzw. abziehen und in feine Stifte bzw. Ringe schneiden. Die abgetropften Pilze fein hacken.

3 Das übrige Öl erhitzen und Zwiebel, Knoblauch und Ingwer darin anbraten. Fleisch, Gemüse und Pilze mitbraten und mit Sojasauce, Sherry, Salz und Pfeffer würzen. Die abgekühlte Füllung auf den Crêpes verteilen und die Crêpes aufrollen. Die Ränder festdrücken und mit Eiweiß bestreichen. Die Rollen im heißen Fett schwimmend in 5 Minuten goldbraun frittieren.

Mexikanische Enchiladas

250 g Mehl • 4 Eier • 500 ml Milch
Salz • 3 EL Butterschmalz • Pfeffer
Chilipulver • 1 Knoblauchzehe
1 Zwiebel • 6 Tomaten
250 g Schinken, gekocht
2 EL Petersilie • 100 g Gouda

1 Das Mehl sieben, mit 3 Eiern und 330 ml Milch zu einem glatten Teig verrühren und 1 Stunde ruhen lassen. In einer großen Pfanne portionsweise etwas Butterschmalz erhitzen und aus dem Teig nacheinander große, dünne Pfannkuchen backen. Die restliche Milch mit dem übrigen Ei und etwas Salz, Pfeffer und Chilipulver verquirlen.

2 Die fertigen Pfannkuchen durch die Mischung ziehen und nochmals kurz knusprig braten. Eine feuerfeste Form einfetten.

3 Knoblauch und Zwiebel abziehen, die Tomaten waschen und würfeln bzw. den Knoblauch durch die Presse drücken. Den Schinken ebenfalls würfeln. Das restliche Fett erhitzen und die Zwiebel darin anbraten. Schinken, Tomaten, Knoblauch und Petersilie zufügen und mit Salz, Pfeffer und Chili würzen. Die Füllung auf den Pfannkuchen verteilen. Die Pfannkuchen vorsichtig aufrollen, in die Form legen mit Käse abdecken und im Ofen bei 250 °C überbacken, bis der Käse zerläuft.

Chilenische Empanadas

500 g Mehl • 1/2 TL Backpulver
4 Eier • ca. 125 ml Milch • Salz
200 g Butter • 250 g Bratenreste
2 Zwiebeln • 1 Knoblauchzehe
1 Paprikaschote • 2 EL Öl
8 grüne Oliven • 50 g Rosinen
Pfeffer • Paprikapulver • Majoran
2 Eiweiß • Fett zum Frittieren

1 Mehl und Backpulver mischen, sieben und eine Vertiefung eindrücken. 2 Eier, etwas lauwarme Milch und 1 TL Salz hineingeben und die Butter in Flöckchen zufügen. Alles zu einem glatten Teig kneten, dabei noch etwas Milch zufügen. Zugedeckt 1 Stunde ruhen lassen.

2 Die restlichen Eier hart kochen, abschrecken, pellen und hacken. Den Braten klein würfeln. Zwiebeln und Knoblauch abziehen, die Paprikaschote waschen und entkernen und alles fein würfeln. Das Öl erhitzen und Zwiebel, Fleisch, Knoblauch und Paprika darin anbraten. Oliven vierteln und mit den Rosinen und Eiern zufügen. Mit Salz, Pfeffer, Paprikapulver und Majoran würzen. Den Teig auf Mehl dünn ausrollen und Kreise (10 cm) daraus ausstechen. Die Füllung darauf verteilen. Die Kreise zweispitzartig zusammenklappen, gut zudrücken und die Ränder mit Eiweiß bestreichen. Die Empanadas im heißen Fett schwimmend goldgelb backen.

Zwiebel-Apfel-Fladen

1 Hefewürfel
1/2 l lauwarmes Wasser
700 g Weizenvollkornmehl
1 EL Salz • 4 Zwiebeln
1 EL Butter • 3 Knoblauchzehen
2 Äpfel
3 TL Kräuter der Provence
Pfeffer • Fett für das Blech
100 g geriebener Gouda

1 Die Hefe zerbröckeln und im Wasser auflösen. Das Mehl sieben und eine Mulde eindrücken. Hefewasser und Salz zufügen und alles zu einem glatten Teig verkneten. Den Teig zugedeckt an einem warmen Platz 1 Stunde gehen lassen.

2 Die Zwiebeln abziehen, in Ringe schneiden, in der Butter goldgelb dünsten und abkühlen lassen.

3 Knoblauch abziehen und durch die Presse drücken. Die Äpfel schälen, entkernen und mittelfein raspeln. Knoblauch, Äpfel, Zwiebeln, Kräuter und Pfeffer zum Teig geben und alles gut durchkneten. 2 Bleche einfetten. Den Teig in 8 Portionen teilen, zu Fladen formen, mit etwas Abstand auf die Bleche setzen und weitere 15 Minuten gehen lassen.

4 Den Backofen auf 200° C vorheizen. Die Fladen mit etwas Käse bestreuen und auf der mittleren Einschubleiste 25-30 Minuten backen.

Speckfladen

1 Hefewürfel • 1 TL Zucker
1/2 l lauwarme Milch
200 g durchwachsener Speck
2 Zwiebeln
500 g Weizenmehl Type 550
1 EL Salz • 1 TL zerstoßene schwarze Pfefferkörner
Fett für das Blech
Mehl für die Arbeitsfläche

1 Die Hefe zerbröckeln und mit dem Zucker in 100 ml Milch auflösen. Die Zwiebel abziehen und klein würfeln. Den Speck ebenfalls in feine Würfel schneiden und in einer Pfanne auslassen. Die Zwiebeln zufügen und goldgelb braten.

2 Das Mehl sieben, eine Mulde eindrücken und Hefemilch, Salz, Pfeffer, Zwiebeln, Speck und restliche Milch zufügen. Den Teig gut durchkneten und an einem warmen Ort 1 Stunde gehen lassen.

3 Ein Blech einfetten. Den Teig halbieren, auf etwas Mehl durchkneten, zu Kugeln formen, auf das Blech legen, flach drücken (2 cm) und weitere 15 Minuten gehen lassen. Den Ofen auf 240° C vorheizen. Die Fladen gitterförmig einritzen und auf der untersten Schiene etwa 35 Minuten backen, dabei 1 Tasse mit heißem Wasser darunter stellen. Den Ofen nach 10 Minuten Backzeit kurz öffnen, damit der Dampf entweicht.

Torta pasqualina

500 g Mehl • 5 EL Öl
1/4 l Wasser • Salz • 1 kg Spinat
40 g Butter • 500 g Quark
60 g geriebener Parmesankäse
6 Eier • 50 ml Olivenöl

1 Das Mehl sieben, in die Mitte eine Mulde eindrücken und Öl, Salz und Wasser hineingeben. Alles zu einem glatten Teig kneten und zugedeckt im Kühlschrank 1 Stunde ruhen lassen.

2 Den Spinat putzen, waschen und in etwas Salzwasser 10 Minuten bei schwacher Hitze garen, abtropfen lassen, fein hacken und kurz in der Butter dünsten. Quark, Spinat und

40 g Parmesan mischen. Den Ofen auf 180 °C vorheizen.

3 Den Teig in 10 gleich große Stücke teilen und jeweils auf 24 cm rund ausrollen. Eine Springform (24 cm) und die Teigplatten mit Olivenöl bestreichen. 5 Teigplatten übereinander in die Form legen und die Füllung darauf verteilen. 6 Mulden eindrücken. Die Eier aufschlagen und je 1 Ei in eine Mulde gleiten lassen. Die Eier mit Salz und dem restlichen Parmesan bestreuen und die restlichen Teigplatten darüber legen. Den Deckel mit einer Gabel mehrmals einstechen. Die Torte im Ofen auf der untersten Schiene 1 Stunde backen.

Kartoffelbrot

450 ml lauwarme Buttermilch
2 Hefewürfel • 1 EL Honig
600 g Roggenmehl Type 1150
350 g Weizenvollkornmehl
250 g Weizenmehl Type 550
200 g Sauerteig (Fertigprodukt)
400 g Pellkartoffeln, gepellt und fein zerdrückt
2-3 EL Haferkleie • 2 TL Salz
1 TL Brotgewürz • Kreuzkümmel
Mehl für die Arbeitsfläche
Fett für die Form
kernige Haferflocken

1 Die Hefe in die Buttermilch bröckeln, den Honig unterrühren und zugedeckt 20 Minuten gehen lassen.

2 Das Mehl sieben und Sauerteig, Kartoffeln, Kleie, Hefemilch und Gewürze zufügen. Alles gut verkneten. Den Teig zugedeckt an einem warmen Platz 1 Stunde gehen lassen und auf etwas Mehl nochmals durchkneten.

3 Eine Kastenform (33 cm) einfetten und mit Haferflocken ausstreuen. Den Teig einfüllen, mit Wasser bestreichen, mit Haferflocken bestreuen, mehrmals schräg einritzen und 1 Stunde gehen lassen. Den Ofen auf 200 °C vorheizen und das Brot darin 10 Minuten backen. Die Temperatur auf 180 °C reduzieren und das Brot weitere 35-50 Minuten backen.

Süße Mehlspeisen

Kirschbuchteln

350 ml Milch • 85 g Butter
1 unbehandelte Zitrone • 375 g Mehl
1 Würfel Hefe • 1 Prise Salz • 1 Ei
1 Glas Kirschen (720 ml)
100 g Zucker • 1 Vanillezucker
1 EL Speisestärke • 80 g Sahne
25 g Mandelblättchen

1 175 ml Milch mit 60 g Butter erwärmen. Die Zitrone abreiben. Das Mehl sieben und eine Vertiefung eindrücken. Die Hefe zerbröckeln und hineingeben. Die Milch-Butter-Mischung, Zitronenschale, Salz, Ei und 50 g Zucker zufügen, zu einem Teig kneten und zugedeckt an einem warmen Ort 1 Stunde gehen lassen.

2 Die Kirschen abtropfen. Die Zitrone auspressen und mit Kirschsaft, 25 g Zucker und Vanillezucker aufkochen. Die Stärke in 5 EL Wasser anrühren, zufügen, kurz aufkochen und die Kirschen zufügen.

3 Den Teig nochmals kneten und zu kleinen Klößen formen. Die Klöße in eine feuerfeste Form setzen und 30 Minuten gehen lassen. Die Sahne mit der restlichen Milch, der übrigen Butter und dem restlichen Zucker verrühren und darüber gießen. Die Buchteln im vorgeheizten Ofen bei 200 °C 30 Minuten backen, dabei nach 15 Minuten mit den Mandelblättchen bestreuen. Die Buchteln zu den Kirschen servieren.

Dampfnudeln mit Vanillesauce

250 g Mehl • 1/2 Würfel Hefe
0,75 l Milch • 130 g Zucker • 1 Ei
Salz • 1 TL Zitronenschale
1/2 Vanilleschote • 20 g Speisestärke
2 Eigelb • 60 g Sahne • 30 g Butter

1 Das Mehl sieben und eine Vertiefung eindrücken. Die Hefe zerbröckeln, hineingeben, 2 EL lauwarme Milch und 1 TL Zucker zufügen und den Vorteig 15 Minuten gehen lassen. 100 ml lauwarme Milch, Ei, 35 g Zucker, 1/4 TL Salz und Zitronenschale zufügen, zu einem Teig verkneten und zugedeckt an einem warmen Ort 1 Stunde gehen lassen.

2 0,5 l Milch mit 80 g Zucker und der aufgeschlitzten Vanilleschote verquirlen. Speisestärke und Eigelbe glattrühren, unter ständigem Rühren zur Milch geben und 2 Minuten erhitzen (nicht kochen). Die Schote entfernen und die Sahne einrühren.

3 Den Teig in 8 Portionen teilen, zu Kugeln formen und 30 Minuten zugedeckt gehen lassen. Die übrige Milch, den übrigen Zucker und die Butter in einem Topf (24 cm) erwärmen. Die Kugeln hineinsetzen und mit Deckel langsam aufkochen. Die Nudeln 30 Minuten bei geringer Hitze garen, dabei den Deckel nicht abnehmen, weitere 2 Minuten ziehen lassen und zur Sauce servieren.

Thüringer Platz

220 g Butter • 3 Eier
200 g Zucker • 1 EL Rum
200 g Mehl • Mehl zum Ausrollen
1 TL Zimtpulver

1 100 g Butter mit den Eiern und 100 g Zucker schaumig rühren. Das Mehl sieben und zusammen mit dem Rum zufügen. Alles zu einem glatten Teig kneten und den Teig zugedeckt 30 Minuten ruhen lassen.

2 Die restliche Butter zerlassen. Ein Backblech mit etwas Butter einfetten. Den Teig auf Mehl in Blechgröße etwa 1/2 cm dick ausrollen und auf das Blech legen.

3 Die Teigplatte mit der Hälfte der zerlassenen Butter bestreichen und 2 Stunden kaltstellen.

4 Den Backofen auf 200 °C vorheizen. Die Teigplatte mit der restlichen Butter bestreichen und im Ofen 25 Minuten backen. Den restlichen Zucker mit dem Zimtpulver vermischen. Den Kuchen aus dem Ofen nehmen und sofort mit dem Zimtzucker bestreuen.

Thüringer Kniekeulchen

500 g Mehl • 1 Würfel Hefe
250 ml Milch • 50 g Zucker
60 g Butter • 1/4 TL Salz
2 Eier • Mehl zum Ausrollen
Öl zum Frittieren • Zimtzucker

1 Das Mehl sieben und eine Vertiefung eindrücken. Die Hefe hineinbröckeln, 4 EL lauwarme Milch und 1 TL Zucker zufügen und den Vorteig 15 Minuten zugedeckt gehen lassen. Die restliche lauwarme Milch, Butter, Salz und Eier zufügen, alles zu einem glatten Teig verkneten und den Teig zugedeckt an einem warmen Ort 1 Stunde gehen lassen.

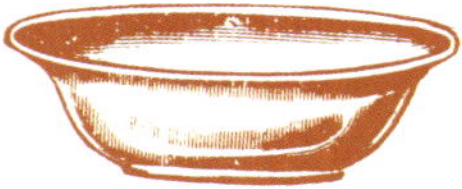

2 Den Teig nochmals kneten, auf Mehl 1 cm dick ausrollen und etwa 12 cm große Kreise daraus ausstechen. Die Kreise weitere 30 Minuten ruhen lassen. Jeden Kreis vorsichtig so weit nach außen ziehen, dass er in der Mitte sehr dünn wird, und die Ränder etwas nach innen rollen. Das Frittieröl erhitzen. Die Kreise darin schwimmend goldgelb backen, herausnehmen, abtropfen lassen und mit Zimtzucker bestreuen.

Thüringer Huckelkuchen

8 Eigelb • 8 EL neutrales Öl
8 EL Weinbrand • 100 g Mehl
70 g Butter • 2 EL Zitronensaft
100 g Puderzucker

1 Die Eigelbe in einer Schüssel mit den Quirlen des Handrührgeräts gründlich verrühren. Das Öl und den Weinbrand unterrühren. Das Mehl sieben und portionsweise unterheben.

2 Ein Backblech mit Butter einfetten und die Teigmasse darauf verstreichen. Den Ofen auf 220 °C vorheizen und den Kuchen darin in etwa 15 Minuten goldbraun backen.

Den Kuchen aus dem Ofen nehmen und 10 Minuten abkühlen lassen.

3 Die restliche Butter zerlassen und den Kuchen damit bestreichen. Den Zitronensaft darüber träufeln und den Kuchen mit dem Puderzucker bestäuben.

Thüringer Apfelklöße

3 Eier • 80 g Butter
125 ml Milch • Salz
250 g Mehl • 1 kg Äpfel • 1 Zitrone
100 g Zimtzucker

1 Die Eier in einer Schüssel schaumig rühren. 30 g Butter lauwarm zerlassen und zusammen mit der Milch und 1 Prise Salz unter die Eier rühren. Das Mehl sieben und portionsweise unterrühren; so lange rühren, bis ein glatter Teig entsteht.

2 Die Äpfel vierteln, schälen, entkernen und klein würfeln. Die Zitrone auspressen und die Apfelstücke mit dem Saft übergießen.

3 In einem großen Topf reichlich Salzwasser zum Kochen bringen. Die Äpfel unter den Teig heben.

4 Mit einem Esslöffel kleine Klößchen von dem Teig abstechen und die Klöße 10 Minuten im siedenden Wasser ziehen lassen. Die Klöße herausheben, abtropfen lassen und mit Zimtzucker bestreuen. Die restliche Butter hellbraun zerlassen und darüber gießen.

Thüringer Zuckerkuchen

440 g Mehl • 30 g Hefe
200 ml Milch • 200 g Zucker
1/8 TL Salz • 225 g Butter • 1 Ei
1 TL Zitronenschale • Muskatnuss
1 Vanillezucker • 1 Msp. Zimt
100 g gemahlene Mandeln
120 g saure Sahne

1 400 g Mehl sieben und eine Vertiefung eindrücken. Die Hefe hineinbröckeln, 4 EL lauwarme Milch und 1–2 EL Zucker zufügen und 15 Minuten zugedeckt gehen lassen. Die restliche Milch, 80 g Zucker, Salz, 125 g Butter, Ei, Zitronenschale und etwas Muskat zufügen, alles zu einem glatten Teig verkneten und den Teig zugedeckt an einem warmen Platz 1 Stunde gehen lassen.

2 Ein Blech mit Backpapier auslegen. Den Teig nochmals durchkneten, auf dem restlichen Mehl in Backblechgröße ausrollen, auf das Blech legen und mit einer Gabel mehrfach einstechen.

3 Die restliche Butter zerlassen und den Teig damit bestreichen. Den restlichen Zucker mit dem Vanillezucker, Zimt und Mandeln mischen und über den Teig streuen. Die saure Sahne auf dem Teig verteilen und den Kuchen im vorgeheizten Backofen bei 200 °C in 25–30 Minuten goldbraun backen.

Gebrannter Zuckerkoch

5 EL Zucker • 5 EL Mehl
1,25 kg Sahne • 50 g Butter
6 Eier • Butter zum Einfetten

1 In einem nicht zu kleinen Topf den Zucker mit 2 EL Wasser vermischen und unter ständigem Rühren mit dem Schneebesen bei geringer Hitze langsam goldbraun karamellisieren.

2 Das Mehl portionsweise unterrühren. Die Sahne zufügen und gut mit der Karamell-Mehl-Mischung verrühren. Alles einmal kurz aufkochen und die Masse abkühlen lassen, dabei ab und zu umrühren.

3 Die Butter schaumig rühren. Die Eier trennen und die Eigelbe mit der Butter verrühren. Die Sahne-Karamell-Mischung ebenfalls gut unterrühren. Die Eiweiße steif schlagen und unterheben.

4 Eine kleine Kastenform (18 cm) mit Butter einfetten und die Masse einfüllen. Den Kuchen im vorgeheizten Backofen bei 200 °C etwa 40 Minuten backen.

Mandelpudding mit Schokoladensoße

230 g Zucker
1 Vanillezucker
30 g Mehl
120 g gehackte süße Mandeln
4 Eier • 4 Blatt Gelatine
1/2 l Milch • 3 Eigelb
1 EL Kakao

1 150 g Zucker sowie 4 Eigelb schaumig schlagen. Mehl und 1/4 l Milch gut verquirlen, anschließend in die Eigelbmasse rühren, bis eine dicke Creme entstanden ist. 100 g gehackte Mandeln zusammen mit der aufgelösten Gelatine und dem steif geschlagenen Eiweiß in die Creme

geben. Restliche Mandeln rösten und in eine mit Wasser gut ausgespülte Puddingform streuen. Pudding in die Form füllen und kalt stellen.

2 Die 3 übrigen Eigelb mit 80 g Zucker schaumig rühren, restliche Milch zugeben und bei geringer Hitze cremig rühren. Die Soße darf nicht kochen! Zuletzt den Kakao einrühren.

Leipziger Ringelschwänzchen

50 g Butter • 4 EL Zucker
1 Prise Salz • 1 Ei • 6 EL Weißwein
250 g Mehl • 1 TL Ingwerpulver
Butterschmalz • Puderzucker

1 Die Butter mit dem Zucker schaumig rühren. Salz, Ei und Wein unterrühren. Das Mehl sieben, mit dem Ingwerpulver mischen und portionsweise unterrühren, bis ein glatter, fester Teig entsteht.

2 Den Teig 1 cm dick ausrollen und in 12 cm lange und 2 cm breite Streifen schneiden. Das Butterschmalz erhitzen.

3 Die Teigstreifen um einen hölzernen Kochlöffelstiel wickeln, portionsweise in das siedende Fett gleiten lassen und schwimmend goldbraun ausbacken.

4 Die Ringelschwänzchen mit dem Schaumlöffel herausheben, auf Küchenpapier abtropfen lassen und mit reichlich Puderzucker bestreut noch warm servieren.

Sächsische Bäbe

500 g Mehl • 30 g Hefe
150 ml Milch • 120 g Zucker • Salz
230 g Butter • 4 Eier
100 g gemahlene Mandeln
200 g Rumrosinen
3 EL Semmelbrösel • 1 Kuvertüre

1 Das Mehl sieben und eine Vertiefung eindrücken. Die Hefe hineinbröckeln, 4 EL lauwarme Milch und 1–2 EL Zucker zufügen und 15 Minuten zugedeckt gehen lassen. Die restliche Milch, übrigen Zucker, 1 Prise Salz, 200 g Butter, Eier, Mandeln und Rumrosinen zufügen, zu einem glatten Teig kneten und zugedeckt 1 Stunde gehen lassen.

2 Eine Napfkuchenform mit der restlichen Butter einfetten und mit Semmelbröseln ausstreuen. Den Teig nochmals durchkneten, in der Kuchenform verteilen und weitere 30 Minuten zugedeckt gehen lassen. Den Backofen auf 200 °C vorheizen. Den Kuchen darin 1 Stunde backen, herausnehmen, kurz abkühlen lassen und stürzen. Die Kuvertüre im Wasserbad erhitzen und den Kuchen damit bestreichen.

Dresdner Prasselkuchen

540 g Mehl • 1/2 Hefewürfel
250 ml Milch • 285 g Zucker • Salz
250 g Butter • 1 TL Zitronenschale
200 g Mandelblättchen
1 Vanillezucker • 1 Msp. Zimt
150 g Puderzucker

1 250 g Mehl sieben und eine Vertiefung eindrücken. Die Hefe hineinbröckeln, 2 EL lauwarme Milch und 1 EL Zucker zufügen und 15 Minuten zugedeckt gehen lassen. 100 ml lauwarme Milch, 70 g Zucker, 1 Prise Salz, 80 g Butter und Zitronenschale zufügen, zu einem Teig kneten und zugedeckt an einem warmen Ort 1 Stunde gehen lassen.

2 Die restliche Milch mit 50 g Butter erhitzen, 80 g Zucker und die Mandelblättchen unterrühren und 2 Minuten unter Rühren kochen. 250 g Mehl mit dem übrigen Zucker Vanillezucker, Zimt und der übrigen Butter in Flöckchen mit 2 Gabeln zu Streuseln verarbeiten. Ein Blech mit Backpapier auslegen. Den Teig nochmals kneten, auf dem restlichen Mehl in Blechgröße ausrollen, auf das Backblech legen und einen Rand hochziehen. Zuerst die Mandelmasse, dann die Streusel auf dem Teig verteilen, 20 Minuten ruhen lassen und bei 200 °C etwa 45 Minuten backen. Den Puderzucker mit 2 EL Wasser verrühren und den heißen Kuchen damit bestreichen.

Kleckselkuchen

650 g Mehl • 30 g Hefe
400 ml Milch • 480 g Zucker • Salz
250 g Butter • 500 g Quark • 3 Eigelb
50 g Rosinen • 1 EL Speisestärke
2 EL Zitronensaft • 200 g Mohn
3 EL Semmelbrösel • 1 Msp. Zimt
100 g Puderzucker

1 500 g Mehl sieben und eine Vertiefung eindrücken. Die Hefe hineinbröckeln, 4 EL lauwarme Milch und 2 EL Zucker zufügen und 15 Minuten zugedeckt gehen lassen. 200 ml lauwarme Milch, 80 g Zucker, 1 Prise Salz und 50 g Butter, zufügen, zu einem Teig kneten und zugedeckt 1 Stunde gehen lassen.

2 Quark, 50 g Butter, 130 g Zucker, Eigelbe, Rosinen, 2 EL Milch, Speisestärke und 2 EL Zitronensaft cremig rühren. 50 g Butter schmelzen und Mohn und 125 ml Milch unterrühren. Unter Rühren bei geringer Hitze 5 Minuten kochen, Semmelbrösel, Zimt und 150 g Zucker unterrühren, aufkochen und abkühlen lassen. 100 g Mehl mit übrigem Zucker und restlicher Butter zu Streuseln verarbeiten. Ein Backblech mit Backpapier auslegen. Den Teig kneten, auf dem übrigen Mehl in Blechgröße ausrollen, auf das Blech legen, Quark und Mohn darauf „klecksen“ und die Streusel darauf verteilen. Bei 200 °C 45 Minuten backen und mit Puderzucker bestäuben.

Kirschauflauf

750 g entsteinte Kirschen
5 EL Zucker
1 Gläschen Kirschwasser
6 Eier
1/4 l süße Sahne
1 Prise Salz
150 g Mehl
150 g Butter
2 EL Puderzucker

1 Kirschen waschen, in 1/8 l Wasser mit 3 Esslöffeln Zucker etwa 7 Minuten dünsten. Abkühlen lassen und mit Kirschwasser aromatisieren. Kirschen abtropfen lassen. Den Saft und 250 g Kirschen beiseite stellen.

2 Aus Eigelb, Sahne, Zucker, Salz und Mehl mit dem Schneebesen einen glatten Teig rühren. Gut 30 Minuten ausquellen lassen. Butter schmelzen, zum Teig geben, gut durchrühren. Die Eiweiß steif schlagen und vorsichtig unter den Teig heben.

3 Die lockere Masse in eine gebutterte Auflaufform geben, die Kirschen einsinken lassen und im vorgeheizten Ofen bei 200 °C ca. 30 Minuten backen. Den Auflauf mit Puderzucker bestreuen.

4 Die 250 g Kirschen im Saft mit dem Mixer pürieren. Kühl zum heißen Auflauf servieren.

Kürbiskuchen

550 g Mehl • 30 g Hefe
700 ml Milch • 150 g Zucker • Salz
225 g Butter • 250 g Toastbrot
600 g Kürbis (netto) • 4 EL Essig
10 Eier

1 500 g Mehl sieben und eine Vertiefung eindrücken. Die Hefe hineinbröckeln, 4 EL lauwarme Milch und 2 EL Zucker zufügen und 15 Minuten zugedeckt gehen lassen. 200 ml lauwarme Milch, 80 g Zucker, 1 Prise Salz und 100 g Butter, zufügen, alles zu einem glatten Teig verkneten und den Teig zugedeckt an einem warmen Platz 1 Stunde gehen lassen.

2 Das Brot zerpflücken, in der restlichen Milch einweichen und ausdrücken. Den Kürbis würfeln, in wenig Wasser zusammen mit dem Essig und dem restlichen Zucker weich dünsten, und durch ein Sieb streichen. Die übrige Butter mit den Eiern, dem Kürbispüree und dem Weißbrot gründlich verrühren.

3 Ein Backblech mit Backpapier auslegen. Den Teig nochmals kurz kneten, auf dem übrigen Mehl in Backblechgröße ausrollen, auf das Blech legen, einen Rand hochziehen, 15 Minuten ruhen lassen und die Kürbiscreme darauf verteilen. Den Kuchen im vorgeheizten Backofen bei 200 °C etwa 40 Minuten backen.

Zwetschenauflauf

1 kg Zwetschen,
300 g Zucker • 75 g Margarine,
Salz • 4 Eier
1 EL Zitronensaft
2 EL Weinbrand
1 TL abgeriebene Zitronenschale
250 g Mehl,
50 g gehackte Mandeln,
1/2 Päckchen Backpulver,
Öl, Puderzucker

1 Gewaschene Zwetschen halbieren und entsteinen, 100 g Zucker darüber streuen.

2 Die Margarine mit einer Prise Salz, 200 g Zucker und den Eigelb

schaumig rühren. Zitronensaft, Weinbrand und Zitronenschale zugeben. Gesiebtes Mehl, Mandeln und Backpulver unterrühren. Den steifen Eischnee vorsichtig unter den Teig heben.

3 Eine feuerfeste Form mit Öl ausfetten, die Hälfte des Teigs hineingeben. Die Zwetschen darüber verteilen und mit dem restlichen Teig bedecken. Im vorgeheizten Ofen bei Mittelhitze in gut 1 Stunde goldgelb backen. Mit Puderzucker bestreuen.

Schaumomelett

3 Eier • 65 g Zucker
50 g Mehl • 10 g Puderzucker,
Aprikosen- oder Erdbeerkonfitüre
evtl. etwas Weinbrand

1 Eier trennen, die Eigelb mit der Hälfte des Zuckers schaumig rühren, den übrigen Zucker unter den steifen Eischnee ziehen und über die Eigelbmasse geben. Das Mehl darüber sieben und alles rasch mit dem Schneebesen untereinander heben.

2 Die Masse in eine gefettete, ausgestäubte flache Form füllen und bei Mittelhitze ca. 20 Minuten backen.

3 Während des Backens die Konfitüre mit ein paar Tropfen Weinbrand glattrühren. Eine Hälfte des Omelettes damit bestreichen, die andere Hälfte darüber schlagen.
Mit Puderzucker besieben.

Tipp: Mit dem Mehl kann eine Messerspitze Backpulver vermischt werden.

Topfenpalatschinken

80 g Mehl • 5 Eier • 70 g Zucker
160 ml Milch • 1 Prise Salz
ca. 120 g Butter • 1 Vanillezucker
250 g Quark • 1 TL Zitronenschale
50 g Rosinen • Puderzucker

1 Das Mehl sieben und mit 1 Ei, 1 TL Zucker, 4–5 EL Milch und dem Salz zu einem dünnflüssigen Teig verrühren. In einer mittleren beschichteten Pfanne nacheinander jeweils 1 TL Butter erhitzen, etwas Teig einfüllen und aus dem Teig dünne Pfannkuchen backen.

2 60 g Butter mit 40 g Zucker schaumig rühren. 3 Eier trennen und die

Eiweiße mit dem Vanillezucker steif schlagen. Den Quark gut abtropfen lassen und zusammen mit den Eigelben und der Zitronenschale unter die Butter rühren, den Eischnee unterheben. Die Pfannkuchen jeweils mit etwas Füllung bestreichen, mit den Rosinen bestreuen und aufrollen.

3 Eine Auflaufform mit Butter einfetten und die Pfannkuchen dicht an dicht hineinlegen. Die restliche Milch mit dem übrigen Zucker und dem restlichen Ei verquirlen, über die Pfannkuchen gießen und die Pfannkuchen im vorgeheizten Ofen bei 180 °C in 40 Minuten goldbraun backen. Mit Puderzucker bestäuben.

Powidlknödel mit Mohn

250 g Mehl • 10 g Hefe
60 ml Milch • 1 EL Zucker • Salz
1 Eigelb • 100 g Butter
100 g Pflaumenmus • 1 TL Rum
Zimt • 50 g Mohn • Puderzucker

1 Das Mehl sieben und eine Vertiefung eindrücken. Die Hefe hineinbröckeln, 1 EL lauwarme Milch und Zucker zufügen und 15 Minuten zugedeckt gehen lassen. Die restliche lauwarme Milch mit 1 Prise Salz, dem Eigelb und 30 g weicher Butter zufügen, alles zu einem geschmeidigen Teig verkneten und den Teig zugedeckt an einem warmen Platz 1 Stunde gehen lassen.

2 Das Pflaumenmus mit dem Rum und 1 großen Prise Zimt verrühren.

3 Den Teig nochmals kurz kneten, in 12 gleich große Portionen teilen und jeweils 1 TL Pflaumenmus in die Mitte geben. Die Teigstücke zu Knödeln formen und zugedeckt weitere 25 Minuten gehen lassen. Reichlich Salzwasser aufkochen, die Knödel darin offen 12 Minuten ziehen lassen, herausheben und gut abtropfen lassen.

4 Die restliche Butter hellbraun aufschäumen. Die Knödel mit der braunen Butter übergießen, mit Mohn bestreuen und mit reichlich Puderzucker bestäubt servieren.

Marillenknödel

500 g Pellkartoffeln vom Vortag
200 g Mehl • Salz • 80 g Butter
1 Ei • 16–20 Aprikosen
16–20 Würfelzucker
80 g Semmelbrösel • Puderzucker

1 Die Kartoffeln pellen, sehr fein zerstampfen und 150 g Mehl darüber sieben. 1 Prise Salz, 30 g weiche Butter und das Ei zufügen und alles zu einem glatten, mittelfesten Teig verkneten. Den Teig auf dem restlichen Mehl 0,5 cm dick quadratisch ausrollen und daraus 16–20 etwa 7 cm große Quadrate ausschneiden. 3 l Wasser mit 1/2 TL Salz zum Kochen bringen.

2 Die Aprikosen waschen, trocknen und den Kern entfernen, ohne dabei die Früchte zu halbieren. In jede Aprikose 1 Würfelzuckerstück stecken. Je 1 Aprikose auf ein Teigstück legen und mit Teig umhüllen. Die Knödel im Wasser 8–10 Minuten offen ziehen lassen. Die Brösel in der übrigen Butter goldgelb rösten. Die Knödel herausheben, abtropfen lassen, in den Bröseln wälzen und mit Puderzucker bestäuben.

Kaiserschmarrn

5 Eier • Salz • 100 g Puderzucker
250 g Mehl • 0,5 l Milch
50 g Rosinen • Butter

1 Die Eier trennen. Die Eiweiße mit dem Salz sehr steif schlagen. Die Eigelbe mit 60 g Puderzucker sehr schaumig rühren. Das Mehl sieben und portionsweise unterrühren. Zuerst die Rosinen, dann den Eischnee unterheben.

2 In einer Pfanne 2 EL Butter erhitzen und so viel Teig hinein geben, dass der Boden etwa 1 cm dick bedeckt ist. Den Pfannkuchen auf der Unterseite goldbraun backen, vor-

sichtig wenden, anheben und etwa 1 EL Butter unter die gebackene Pfannkuchenseite geben. Den Pfannkuchen mit zwei Gabeln zerpflücken, unter häufigem Wenden von allen Seiten goldbraun backen und in einer Schüssel warmstellen. Mit dem restlichen Teig auf die gleiche Weise verfahren und den Kaiserschmarrn mit dem restlichen Puderzucker bestäubt noch heiß zu Kompott servieren.

Salzburger Nockerl

4 Eiweiß • 50 g Zucker
1 Vanillezucker • 3 Eigelb
20 g Mehl • 40 g Butter
Puderzucker

1 Die Eiweiße sehr steif schlagen und dabei nach und nach Zucker und Vanillezucker zufügen. Die Eigelbe mit 3 EL Eischnee verrühren und die Mischung vorsichtig mit dem restlichen Eischnee verrühren. Das Mehl darüber sieben und vorsichtig unterheben.

2 In einer flachen Auflaufform die Butter zerlassen. Den Backofen auf 220° vorheizen.

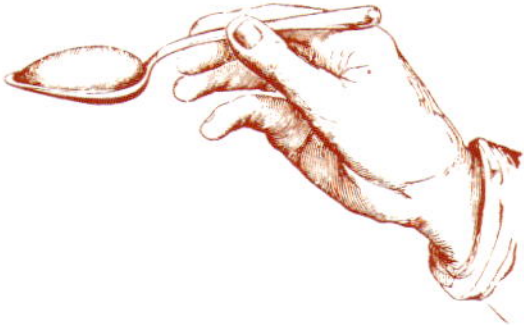

3 Von der Eischneemasse mit zwei Esslöffeln Nocken abstechen und die Nocken in der Form verteilen. Die Nockerl in 8–10 Minuten goldgelb backen, aus dem Ofen nehmen und mit Puderzucker bestäubt sofort servieren (am besten zu Schlagsahne), dabei darauf achten, dass die Nockerl weder Zugluft noch starken Temperaturunterschieden ausgesetzt werden, da sie sonst rasch zusammenfallen.

Wiener Apfelstrudel

400 g Mehl • 1 Ei • 4 EL Öl • Salz
280 g Butter • 80 g Semmelbrösel
1,8 kg säuerliche, feste Äpfel
1 EL Zitronensaft • 50 g Rosinen
50 g gehackte Nüsse • 100 g Zucker
1 TL Zimtpulver • Puderzucker

300 g Mehl sieben und mit dem Ei, 1 EL Öl, 1 Prise Salz und etwa 4 EL lauwarmem Wasser zu einem glatten Teig verkneten. Den Teig zu einer Kugel formen, mit 1 EL Öl bestreichen und 30 Minuten ruhen lassen. Ein großes Tuch mit dem übrigen Mehl bestäuben. Den Teig darauf ausrollen, mit dem übrigen Öl bestreichen und von innen nach au-

ßen vorsichtig auf 75 x 45 cm ziehen. 180 g Butter zerlassen und den Teig mit 2 EL Butter bestreichen. Die Brösel in der übrigen Butter rösten und auf dem Teig verteilen. Die Äpfel schälen, entkernen, in Spalten schneiden, mit Zitronensaft beträufeln und Rosinen, Nüsse, Zucker und Zimt unterrühren. Ein Blech mit Backpapier auslegen, die restliche Butter zerlassen. Die Füllung auf den Bröseln verteilen. Den Teig aufrollen, auf das Blech schieben, zu einem U legen, mit Butter bestreichen und im vorgeheizten Ofen bei 220 °C etwa 40 Minuten backen, dabei ab und zu mit Butter bestreichen. Den Strudel abgekühlt mit reichlich Puderzucker bestäuben.

Crêpes Suzette

60 g Mehl • 100 ml Milch
Salz • Zucker
80 g Butter • 2 kleine Eier
1 EL Öl • 2 Orangen • 1 Zitrone
1 TL Orangenschale
6 EL Cointreau

1 Das Mehl in eine Schüssel sieben. Die Milch mit 50 ml Wasser vermischen und zusammen mit Salz und 1 Prise Zucker zum Mehl geben. Alles mit dem Schneebesen verrühren und 30 Minuten quellen lassen.

2 30 g sehr weiche Butter und die Eier zufügen und alles gründlich zu einem glatten Teig verrühren.

3 Eine Pfanne mit Öl bestreichen. Etwas Teig hineingeben und die Pfanne so schwenken, dass sich der Teig hauchdünn darin verteilt. Die Unterseite goldbraun backen, wenden und die Oberseite backen. So viele Crêpes backen, bis der Teig verbraucht ist, und die Crêpes aufeinandergestapelt auskühlen lassen. Die Orangen und Zitrone auspressen. Die restliche Butter in einer Pfanne zerlassen und 2 EL Zucker mit der Orangenschale darin langsam schmelzen. Den Saft einrühren und einkochen lassen. Die Crêpes nacheinander in der Sauce wenden, zweimal zusammenlegen, in der Pfanne mit dem angewärmten Cointreau übergießen und flambieren.

Pancakes mit Ahornsirup

250 g Mehl • 2 TL Backpulver
kanadischer Ahornsirup
300 ml Milch • 1 Prise Salz
2 große Eier • 200 g Heidelbeeren
Butter zum Braten

1 Das Mehl mit dem Backpulver vermischen und in eine Schüssel sieben. 2 TL Ahornsirup, Milch, Salz und die Eier zum Mehl geben und alles mit den Quirlen des Handrührgeräts gründlich zu einem glatten Teig verrühren. Den Teig zugedeckt 30 Minuten quellen lassen.

2 Die Heidelbeeren waschen, verlesen und unter den Teig rühren.

3 In einer kleinen Pfanne 1 TL Butter erhitzen und so viel Teig einfüllen, dass der Boden etwa 1 cm dick davon bedeckt ist. Den Teig durch Schwenken der Pfanne verteilen und die Unterseite goldbraun backen. Den Pfannkuchen wenden und die Oberseite ebenfalls goldbraun backen. So viele Pancakes backen, bis der Teig verbraucht ist (etwa 24 Stück), und die Pancakes mit reichlich Sirup beträufeln.

Quarkkrapfen

500 g Mehl • 30 g Hefe
1/4 l Milch • 210 g Zucker
155 g Butter • Salz • 2 Eier
abgeriebene Zitronenschale
300 g Sahnequark
1 Vanillezucker • 4 Eigelb
2 EL gemahlene Mandeln
60 g Rosinen
Eigelb zum Bestreichen

1 Mehl in eine Schüssel sieben. Hefe mit der lauwarmen Milch und 1 TL Zucker auflösen. 80 g Butter in Flöckchen auf das Mehl setzen. 50 g Zucker, Salz, Eier und Zitronenschale sowie aufgelöste Hefe zugeben. Den Teig so lange schlagen, bis

er Blasen wirft und sich von der Schüssel löst. Teig nicht gehen lassen, sondern dünn ausrollen und runde Formen ausstechen.

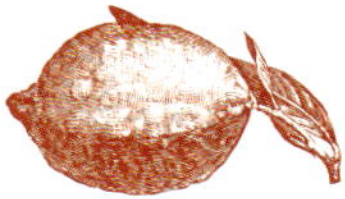

2 Den Quark mit Vanillezucker, 150 g Zucker, Rest Butter, den Eigelb, Mandeln und Rosinen gut verrühren, eine Teighälfte damit bestreichen. Die Ränder mit Wasser anfeuchten, die andere Teighälfte darüber klappen und gut andrücken. Die Krapfen mit verquirltem Eigelb bestreichen und bei mittlerer Hitze goldbraun backen.

Himbeer-Biskuitrolle

6 Eier • 200 g Puderzucker
je 1 TL Zitronenschale und -saft
100 g Mehl • 50 g Speisestärke
100 g Zucker • 300 g Sahne
2 Päckchen Sahnesteif
400 g Himbeeren

1 Die Eier trennen. Die Eigelbe und 60 g Puderzucker cremig rühren und Zitronenschale und -saft zufügen. Mehl und Speisestärke darüber sieben und unterrühren. Die Eiweiße mit 70 g Puderzucker steif schlagen und unterheben.

2 Den Ofen auf 220 °C vorheizen. Ein Blech mit Backpapier auslegen.

Den Teig etwa fingerdick auf das Blech streichen, in 10–15 Minuten goldgelb backen, herausnehmen, sofort auf ein mit Zucker bestreutes Küchentuch stürzen und das Backpapier vorsichtig abziehen. Den Biskuit mit Hilfe des Tuchs vorsichtig dreimal auf- und wieder entrollen und abkühlen lassen.

3 Die Sahne mit dem Sahnesteif steif schlagen. Die Himbeeren vorsichtig waschen, abtrocknen, putzen und je nach Größe halbieren oder vierteln. Den Biskuit mit der Sahne bestreichen, mit den Beeren belegen, vorsichtig wieder aufrollen und dick mit dem restlichen Puderzucker bestäuben.

Millirahmstrudel

330 g Mehl • 6 Eier • 1 EL Öl
6 Brötchen • 500 ml Milch
250 g Butter • 200 g Zucker
1 Vanillezucker • 380 g saure Sahne
1 TL Zitronenschale • 50 g Rosinen

1 250 g Mehl sieben und mit 1 Ei und etwa 125 ml lauwarmem Wasser zu einem glatten Teig verkneten. Den Teig mit Öl bestreichen und zugedeckt 20 Minuten ruhen lassen.

2 Von den Brötchen die Schale abreiben. Die Brötchen in 250 ml Milch einweichen, ausdrücken und durch ein Sieb streichen. 150 g Butter sehr schaumig rühren. Die Eier trennen.

Eigelbe, 120 g Zucker, Vanillezucker, saure Sahne, Brötchen, Zitronenschale und die Rosinen zufügen und alles gut verrühren. Die Eiweiße steif schlagen und unterheben. Das restliche Mehl auf einem großen Küchentuch verteilen. Den Teig hauchdünn darauf ausrollen und die dicken Ränder abschneiden. Die Füllung auf dem Teig verteilen und den Strudel mit Hilfe des Tuchs aufrollen. Eine Saftpfanne dick mit der übrigen Butter einfetten. Den Strudel hineinlegen, bei 220 °C im vorgeheizten Ofen 20 Minuten backen, mit der restlichen Milch übergießen, weitere 20 Minuten backen und mit dem übrigen Zucker bestreuen. Zu Vanillesauce servieren.

Schoko-Nougat-Brownies

125 g Butter
175 g dunkle Blockschokolade
180 g Zucker • 1 Vanillezucker
1 Pr. Salz • 2 Eier • 125 g Mehl
1 TL Backp. • 150 g geh. Mandeln
Fett für die Form • 100 g Nougat
20 Mandelhälften

1 Die Butter bei schwacher Hitze zerlassen. Die Schokolade in Stücke brechen und in der warmen Butter schmelzen. Die Schokomasse abkühlen lassen.

2 Zucker, Vanillezucker, Salz und Eier zur Schokomasse geben und alles mit dem Handrührer schaumig

schlagen. Das Mehl sieben, mit Backpulver und gehackten Mandeln mischen und unterrühren.

3 Den Backofen auf 200° C vorheizen. Eine quadratische Backform (23 cm) einfetten. Den Teig einfüllen und glatt streichen. Die Brownies im Ofen auf der mittleren Schiene etwa 30 Minuten backen.

4 Die Brownies herausnehmen, abkühlen lassen, in 10 Quadrate schneiden und die Quadrate halbieren. Den Nougat im heißen Wasserbad schmelzen und die Würfel damit bestreichen. Jeden Würfel mit einer Mandelhälfte garnieren und den Nougat fest werden lassen.

Heidelbeertarte

540 g Mehl • 1 Prise Salz
100 g Zucker • 225 g kalte Butter
100 ml Milch • 750 g Heidelbeeren
125 g brauner Zucker
2 EL abgeriebene Orangenschale

1 500 g Mehl sieben und mit dem Salz und 60 g Zucker mischen. Die Butter in kleine Stücke schneiden und auf dem Mehl verteilen. Milch zugeben und alles mit den Händen rasch zu einem glatten, geschmeidigen Teig verkneten. 2/3 des Teigs zu einem runden Teigstück von etwa 28 Zentimeter Durchmesser ausrollen. Eine Pieform (26 cm) damit auskleiden und einen Rand hochziehen.

2 Für die Füllung die Heidelbeeren verlesen, waschen, trockentupfen und mit dem restlichen Mehl, dem übrigen Zucker, dem braunen Zucker und der Orangenschale mischen.

3 Den Backofen auf 180° C vorheizen. Den restlichen Teig in Größe der Form rund ausrollen. Die Heidelbeeren auf dem Teigboden verteilen. Den Teigdeckel darüber legen und an den Rändern mit dem Teigboden zusammendrücken.

4 Die Tarte im Backofen auf unterer Schiene 40 Minuten backen, bis sie gebräunt ist. Die Tarte lauwarm abkühlen lassen, aus der Form lösen und mit Schlagsahne servieren.

Coffee-Muffins

24 Papierförmchen • 3 Eier
125 g brauner Zucker
60 ml Sonnenblumenöl
150 ml kalter Espresso
50 g saure Sahne
225 g Mehl
1/2 Päckchen Backpulver
1 TL Kakaopulver
Schokopulver zum Bestäuben

1 Den Backofen auf 200° C vorheizen. Jeweils zwei Papierförmchen ineinander stellen.

2 Eier, Zucker, Öl, Espresso und saure Sahne sehr schaumig schlagen. Das Mehl sieben, mit dem Backpul-

ver und dem Kakao mischen und nach und nach unterrühren.

3 So viel Teig in die Papierförmchen geben, dass sie zu etwa 2/3 gefüllt sind. Die Muffins im Backofen auf der mittleren Schiene etwa 20 Minuten backen, bis sie aufgegangen und leicht gebräunt sind.

4 Die Muffins aus dem Ofen nehmen, etwa 10 Minuten ruhen lassen, aus den Formen lösen und vollständig abkühlen lassen. Mit Schokopulver bestäuben.

Schoko-Hot-Dogs

1/2 Hefewürfel
220 ml lauwarme Milch
2 TL brauner Zucker
125 g Sultaninen
400 g Weizenmehl Type 1050
1 Päckchen Vanillezucker
1/4 TL Salz • 130 g Butter
Fett für das Blech
Honig zum Bestreichen
1 1/2 Tafeln Schokolade (150 g)

1 Die Hefe mit der Milch verrühren, den Zucker zufügen und die Hefemilch 15 Minuten ruhen lassen. Die Sultaninen 15 Minuten in lauwarmem Wasser einweichen und gut abtropfen lassen.

2 Das Mehl sieben und Vanillezucker, Salz, die Butter in Stücken und die Sultaninen zugeben. Die Hefemilch zufügen und alles zu einem glatten Teig verkneten. Aus dem Teig 12 gleich große Kugeln formen. Ein Backblech einfetten. Die Kugeln leicht flach drücken und darauf legen.

3 Den Backofen auf 225° C vorheizen und die Brötchen auf der mittleren Einschubleiste in 20-25 Minuten goldbraun backen. Die noch warmen Brötchen jeweils mit etwas Honig bestreichen und abkühlen lassen. In jedes Brötchen eine Tasche schneiden und 1 Schokoriegel in die Öffnung schieben.

Zwetschenkrapfen

25 Backpflaumen
60 g Margarine
1 Prise Salz
125 g Mehl
4 Eier
Öl zum Ausbacken
Puderzucker zum Besieben

1 1/4 l Wasser zum Kochen bringen. Das Mehl auf einmal hineinschütten und unter Rühren so lange weiter erhitzen, bis sich die Masse als Kloß vom Topfboden löst.

2 Den Topf vom Feuer nehmen. Nacheinander die Eier unter den Teig rühren.

3 Das Öl erhitzen. Die Backpflaumen einzeln mit dem Brandteig umhüllen und portionsweise 5 bis 6 Minuten frittieren, abtropfen lassen. Vor dem Servieren mit Puderzucker besieben.

Rezeptverzeichnis

Aus dem lieferbaren Mini-Angebot

Kochbüchlein

Apfelessig-Büchlein
Berlin & Mark Brandenburg kulinarisch
Böhmisches Kochbüchlein
Brasilianische Rezepte
Gebackene Desserts • Gemüseraritäten
Gesundes aus dem WOK
Honigbüchlein • Kaffeebüchlein
Kraut und Rüben • Küchenkräuter
Kürbis-Büchlein
Lieblingskuchen • Likör & Pralinen
Mecklenburg-Vorpommern kulinarisch
Mehlspeisenbüchlein
Neues Fischbüchlein • Neues Nudelbüchlein
Neues Reisbüchlein
Noch mehr knackige Salate
Obstexoten • Ostpreußen-Kochbüchlein
Pommern kulinarisch • Sachsen kulinarisch
Sachsen-Anhalt kulinarisch
Salzbüchlein • Sauerkrautbüchlein

Schokoladenbüchlein
Schlesisches Kochbüchlein
Sektbüchlein • Stollenbüchlein
Teevergnügen • Thüringen kulinarisch
Weinbüchlein • Whiskybüchlein
Würzige Knabbereien • Zuckerbüchlein

Pflanzenbüchlein
Balkonfreuden • Bäume & Sträucher
Heilkräuterbüchlein
Mythos Ginkgo • Kamelienbüchlein
Naturapotheke • Pilzbüchlein
Tulpenbüchlein • Wildfrüchtebüchlein

Der besondere Band
ABC der Zimmerer • August Strindberg
Berlin für die Westentasche
Das kleine Bach-Büchlein
Erzgebirgisches Weihnachtsbüchlein
Geliebte Sisi • Glanz des Schönen
Faust-Zitate • Frühlingsbüchlein
Fußball-ABC • Fürst Pückler

Buchverlag für die Frau
Postfach 100348 · 04003 Leipzig